FORMANDO CIDADÃOS ÉTICOS

Coleção **QUEM AMA, EDUCA!**

IÇAMI TIBA

FORMANDO CIDADÃOS ÉTICOS

Principis

Esta é uma publicação Principis, selo exclusivo da Ciranda Cultural
© 2023 Ciranda Cultural Editora e Distribuidora Ltda.

Texto	Produção editorial
© Içami Tiba	Ciranda Cultural
Edição original	Preparação
André Luiz Martins Tiba	Walter Sagardoy
Natércia Martins Tiba Machado	
Luciana Martins Tiba	Revisão
	Maria Luísa M. Gan
Preparação de texto original	
Márcia Lígia Guidin	Diagramação
	Linea Editora
Editora	
Michele de Souza Barbosa	Design de capa
	Ana Dobón

Dados Internacionais de Catalogação na Publicação (CIP) de acordo com ISBD

T552f Tiba, Içami.

     Formando cidadãos éticos / Içami Tiba. - Jandira, SP : Principis, 2023.
     96 p. ; 15,50cm x 22,60cm. - (Quem ama, educa!).

     ISBN: 978-65-5097-083-3

     1. Educação familiar. 2. Educação emocional. 3. Filhos. 4. Psicologia. I. Título.
    II. Série.

                   CDD 370.158
2023-1301   CDU 37.015

Elaborado por Lucio Feitosa - CRB-8/8803

Índice para catálogo sistemático:
1. Educação familiar 370.158
2. Educação familiar 37.015

1ª edição em 2023
www.cirandacultural.com.br
Todos os direitos reservados.
Nenhuma parte desta publicação pode ser reproduzida, arquivada em sistema de busca ou transmitida por qualquer meio, seja ele eletrônico, fotocópia, gravação ou outros, sem prévia autorização do detentor dos direitos, e não pode circular encadernada ou encapada de maneira distinta daquela em que foi publicada, ou sem que as mesmas condições sejam impostas aos compradores subsequentes.

Sumário

Grata apresentação de Natércia Tiba aos leitores..................11

Agradecimentos..................13

Introdução..................15

Formando Cidadãos Éticos..................19

Capítulo 1 Os filhos da geração asa-e-pescoço de frango..........23

Capítulo 2 Cidadania Familiar..................26

Capítulo 3 Ética progressiva..................47

Capítulo 4 Ciúme, veneno do ciumento contra si mesmo..........54

Capítulo 5 Profissão: estudante..................55

Capítulo 6 "Herdeiros-esperadores"..................59

Capítulo 7 Sucessores-empreendedores..................60

Bibliografia..................67

Glossário remissivo..................69

Sobre Natércia Tiba..................73

Sobre Içami Tiba..................75

Este livro é dedicado
a Haim Grünspun.

In memoriam.

Felicidade*

Os pais podem dar alegria e satisfação a um filho,
    mas não há como lhe dar felicidade.
Os pais podem aliviar sofrimentos enchendo-o de presentes,
    mas não há como lhe comprar felicidade.
Os pais podem ser muito bem-sucedidos e felizes,
    mas não há como lhe emprestar felicidade.

Mas os pais podem aos filhos
    Dar muito amor, carinho, respeito,
        Ensinar tolerância, solidariedade e cidadania,
            Exigir reciprocidade, disciplina e religiosidade,
            Reforçar a ética e a preservação da Terra.

Pois é de tudo isso que se compõe a autoestima.
É sobre a autoestima que repousa a alma,
E é nessa paz que reside a felicidade.

Içami Tiba

* A tradução deste ideograma é "Longa Vida" e "Felicidade".

Grata apresentação de Natércia Tiba aos leitores

Apresento Natércia como coautora deste livro. Ela insiste em ser apenas colaboradora. Mas é coautora, pois Natércia introduziu preciosos temas sobre os quais eu não teria condições teórico-prático-vivenciais de escrever. Mesmo que ela ache que sua participação tenha sido pequena, é pura modéstia, pois o que produziu tem uma qualidade ímpar que compensa qualquer quantidade.

Esta é, porém, uma saudável dialética que não terminaria nunca, pois se dá entre duas pessoas que se conhecem muito bem... É um relacionamento de mútuo respeito, admiração, carinho e reconhecimento do valor pessoal, familiar e profissional.

Então, que assim seja: Natércia participa como colaboradora... Para mim, ela continua coautora. Com excelente base escolar, ela se graduou psicóloga com especialização em psicodrama, sob os caprichados e competentes olhares de verdadeiros mestres, além das profundas incursões teóricas em várias fontes, e se lançou nos campos terapêuticos para ajudar seus pacientes (casais grávidos, crianças/adolescentes e respectivos pais) a superar barreiras, resolver conflitos, ampliar a vida para o mundo do qual fazem parte e integrar-se com as pessoas que lhes são caras.

Como uma especialidade dentro de outra, Natércia focalizou seus interesses em gestantes (marido e mulher), formando grupos de orientação e preparo para a futura pater/maternidade, sem se descuidar e continuar aprendendo com as próprias crianças. Nessas áreas sua contribuição foi fundamental para este livro. Ela deveria assinar textos de vários capítulos e acréscimos importantes, com tantas contribuições valiosas que seria praticamente impossível destacá-las.

Como pessoa, participei ativamente do seu crescimento, com alegrias e satisfações, pois chateações praticamente não existiram. Parece-me incrível que aquela criancinha que nascera do meu amor pela mãe dela – minha amada Maria Natércia – crescesse, amadurecesse, casasse com um genro maravilhoso e nos desse dois supernetos inteligentes, charmosos, amorosos, já tão seguros de si que desmontam qualquer avô, principalmente um babão como eu. Estes netos têm-me ensinado muito, ao me permitirem repassar as aulas mal aproveitadas com meus próprios filhos...

Hoje Natércia, especializada em Terapia de Família, participa (sem eu saber) de entrevistas, de programas de televisão, chats na internet, e recebo os cumprimentos dos meus amigos e conhecidos pela brilhante colega de trabalho que eu tenho – ela –, que lê muito, indica livros para eu ler, acrescenta sua visão ao meu trabalho e me atualiza sobre as novidades que está aprendendo. Aprecio muitíssimo a sábia humildade de poder aprender sempre. Tanto a minha como a dela. Sua participação nesta obra cresceu bastante, enriquecendo-a significativamente.

Eu gostaria muito que o sentimento de gratidão tivesse palavras próprias que expressassem tudo o que sinto por Natércia Martins Tiba Machado, mas aqui lhe vai, do fundo do meu coração, o meu muitíssimo obrigado, minha filha! Carinhoso beijo a você, ao meu querido genro Maurício e aos meus amados netos, Eduardo e Ricardo.

Agradecimentos

Agradeço ao meu falecido avô, Rinnosuke Chiba, que emigrou do Japão para o Brasil em 1936 somente após ter quitado – com pesado trabalho na lavoura – a dívida deixada por seu próprio pai e continuou lúcido, com autoridade sobre os filhos, noras e netos até seu falecimento. Agradeço, porque ele me fez sentir único entre tantos netos e ensinou-me que, mesmo em tempos mais difíceis, lá estavam as carpas para nos distrair.

Agradeço à minha falecida mãe, Kikue – minha maior torcida silenciosa – e sua crença no meu desejo quando, aos 6 anos de idade, antes de ir à Escola em Tapiraí, eu disse a ela que queria ser médico. Agradeço-a porque me aconselhou: "Então, você tem que estudar muito!". Foi o que eu fiz e faço até hoje.

Agradeço ao meu falecido pai, Yuki, que ainda criança me pedia para falar em "brasileiro" com ele, mesmo que ele falasse em japonês comigo, só para aprender o idioma aqui falado. Agradeço pelo seu exemplo de trabalho, responsabilidade familiar e social, que nortearam a minha vida; agradeço-lhe, porque se tornou monge budista já na meia-idade.

Agradeço a meus filhos, André Luiz, Natércia e Luciana, agora acrescidos do meu genro Maurício e netos Eduardo e Ricardo, todos muito amados. São uma torcida barulhenta, que me elevou à condição de pai, sogro e avô, me retroalimentam e me permitem continuar acreditando que tudo o que faço para ajudá-los a construírem suas próprias vidas vale a pena, pois cada um deles – cada qual à sua maneira – é bem-sucedido no que faz.

Agradeço a meus professores que conseguiram ser inesquecíveis. Eles me fizeram sentir que os ensinamentos eram dirigidos especialmente a mim, me transmitiram o poder do conhecimento, do comprometimento, da confiabilidade, da civilidade, dos bons resultados, do bom humor, do aprender sempre e do ensinar sempre que possível, não importa onde, como ou quando.

Agradeço à minha amada esposa, Maria Natércia, minha companheira e parceira que permanece comigo depois que todos se foram para as suas próprias vidas; que me vislumbrou além dos meus sonhos, desejos, projetos e realizações; que neles acreditou e juntos construímos o que ambos somos. Mais que cara-metade, ela é minha cara-inteira, pois sua alma está plenamente presente na minha vida, em tudo o que fiz e faço; sei que posso contar com ela para continuar fazendo muito mais.

Introdução

Este livro é um diagnóstico de como estamos hoje, primeira década do século XXI, e de como podemos melhorar para que nossos filhos se tornem pessoas-cidadãs, éticas, felizes, autônomas e competentes, ao receber uma educação integrada. Tal educação baseia-se na Teoria Integração Relacional, criada por nós, autores. Essa teoria tem como aspecto diferencial incluir na saúde mental disciplina, gratidão, religiosidade, cidadania e ética.

Reescrever, cortar, ampliar e rediscutir seus critérios e exemplos foi um trabalho necessário para que "Quem ama, educa!" continue chegando às famílias com novos estímulos à educação dos filhos e de alunos. Ou seja, faziam-se necessárias outras reflexões educacionais, exigidas dentro de nossa sociedade contemporânea globalizada.

Assim, pais e educadores ganham novos instrumentos para lidar com mentes de crianças que, hoje, já conseguem tiranizar seus adultos, antes mesmo de aprenderem a falar. A par disso, esta obra,

Formando cidadãos éticos, entendemos ser fundamental para os preceitos educacionais que defendemos. Os pais estão convivendo com seus filhos cada vez menos, e os filhos começam a conviver com alguém extrafamília já desde os 2 anos de idade. As crianças não só trazem para casa as viroses mas também comportamentos que são aprendidos, além dos professores, dos seus colegas.

É nesses comportamentos e valores que esta obra se concentra através da Cidadania Familiar. Um filho que, ao sair de casa, já viveu e incorporou a Cidadania Familiar, terá rumos éticos para no futuro comandar este país, dar sua contribuição ao mundo – para que todos tenhamos excelente qualidade de vida e felicidade social.

As grandes preocupações planetárias precisam de ações governamentais, mas teriam pouca eficiência se cada habitante do planeta não fizesse o que ele pode fazer. Para tanto, é preciso que a educação hoje seja um projeto racional cujo objetivo ultrapassa a felicidade e realização pessoal porque precisamos de toda uma geração para recuperar a saúde da Terra – que foi tirada principalmente nas gerações dos nossos pais e avós.

Consumidores jovens e crianças, ignorando manuais, usam os instrumentos dos avanços tecnológicos por curiosidade e prazer de conhecê-los: desenvolvem a ação de testar, experimentar, e, se errarem, começam tudo de novo; ou, o que é mais fácil, perguntam a solução para um amigo. Seus pais somente absorvem novas tecnologias por necessidades profissionais. Muitos deles aliam às instruções do manual a experimentação de acertos e erros. Por isso, identificamos essa geração asa-e-pescoço e passamos para a Cidadania Familiar analisando-a em 13 subitens.

FORMANDO CIDADÃOS ÉTICOS

Mas vale sempre lembrar que os filhos são como navios... A maior segurança para os navios pode estar no porto, mas eles foram construídos para singrar os mares. Por maior segurança, sentimento de preservação e de manutenção que possam sentir junto de seus pais, os filhos nasceram para singrar os mares da vida, onde vão encontrar aventuras e riscos, terras, culturas e pessoas diferentes. Para lá levarão seus conhecimentos e de lá trarão novidades e outros costumes, ou, se gostarem dali, ali poderão permanecer porque levam dentro de si um pouco dos pais e de seu país. Quem sabe, daqui a algum tempo seus pais poderão também passear por lá... pois, com certeza, quando já tiverem filhos, vão querer um dia rever seus pais. Mas antes de os filhos singrarem mares, em casa, ainda pequeninos, eles se parecem com automóveis de Fórmula 1, que correm voltas e voltas atrás de seus interesses, mas de repente fazem um pit stop perto dos pais. Momento sagrado para um Atendimento integral e para que desenvolvam segurança interna e autonomia para poderem, depois, dar voltas cada vez mais longas, até entrarem nos navios...

E uma das principais provisões, além das materiais, para levar nessas viagens, está no interior de cada um: a capacidade de ser feliz. Não existe felicidade pronta, como uma riqueza guardada por piratas em algum esconderijo. A felicidade está nos passos de uma conquista, no caminhar de uma busca. Se os pais não podem seguir os mesmos passos dos filhos, tampouco os filhos devem repousar nas conquistas dos pais. Os filhos partem de onde os pais chegaram para novas descobertas e aventuras. Os filhos superam os pais. Assim caminha a civilização! Dessa forma, a personalidade saudável é um bom alicerce para a capacitação profissional, que reverte ao social, em excelência de qualidade de vida. É a pessoa que qualifica a profissão, e não o contrário. A educação é um grande catalisador na absorção da cultura, nem tanto o inverso. É por tudo isso que o velho dito popular "Quem ama cuida!" tem de ser aposentado, para dar lugar ao novo: QUEM AMA, EDUCA!

Formando Cidadãos Éticos

• • •

A grande preocupação hoje está na falta de cidadania e de ética. Na cidadania já deveria estar embutida a ética, mas tamanha é a ausência da ética que é preciso reafirmar sua importância.

Existem falhas na formação do cidadão que é egoísta, "metido a espertinho" que quer sempre tirar vantagens sobre outro, é corrupto, delinquente, usuário de drogas, sente-se superior a outros menos desenvolvidos ou de outra classe social.

Tais falhas serão evitáveis se a educação for atualizada pela Cidadania Familiar. Mas, antes, faço um breve histórico sobre a geração dos educadores de hoje.

• • •

Capítulo 1

Os filhos da geração asa-e-pescoço de frango

A sociedade está passando por um período muito difícil quanto aos valores cidadãos. Ela é composta por famílias que também estão passando por difíceis períodos.

• • •

Um exemplo disso me aconteceu durante uma palestra pública que eu proferia: uma mãe reclama que sua filha não lhe obedece, faz só o que quer, é impositiva, respondona e gritona. Ela não sabe mais o que fazer... Pergunto-lhe a idade da criança e ela responde: 2 anos.

Então, pergunto ao público:

– Quais de vocês, quando criança, obedecia imediatamente, bastasse um olhar do pai?

A grande maioria levanta a mão. Em seguida:
– Quais de vocês têm filhos que obedecem só de olhar para eles?
Algumas pessoas levantam as mãos. Concluo:
– Nossos pais eram machos alfa. Nossos filhos são da geração
digital. Nós somos da geração que mudou o mundo.

● ● ●

Macho alfa é o animal mais poderoso do grupo, forte, que se responsabiliza pela segurança e comando e é sempre o primeiro a comer, escolhendo a melhor parte, elimina qualquer rebelde que o enfrentar e mostra violência emblemática para manter o poder. Era o pai na família que, com paciência curta, voz grossa e mão pesada, mantinha a ordem e comia a melhor parte do frango: peito e coxas. Coitados de nós se não percebêssemos pelo seu olhar o que ele queria. Apanhávamos e recebíamos castigos.

Não querendo que nossos filhos sofressem o que sofremos, que comessem as asas e o pescoço do frango, demos a nossa parte, peito e coxas, para eles. O que sobrou para nós? Outra vez: asa-e-pescoço. Por isso chamo a geração dos pais dos adolescentes e crianças de hoje de Geração asa-e-pescoço. Eles já cresceram com o machismo em declínio, com mães trabalhando fora, já estavam na escola com 2 anos de idade, fazendo o que queriam, sempre reforçados pela nossa conivência.

Dar poder a quem não tem competência é ter que se submeter à tirania das vontades. Foi o que aconteceu com nossos filhos. Por não querermos reprimi-los, cerceá-los, traumatizá-los, submetemo-nos às suas vontades. Os filhos, por absoluta falta de

FORMANDO CIDADÃOS ÉTICOS

competência de administrar seus desejos, transformaram-se em pequenos tiranos, apesar de amados.

Pelo grande declínio do machismo, com *working-mothers*[1] e pais fora de casa, divórcios, novos casamentos e junções dos ex-casados e solteiros, foi muito grande a influência dos pares (colegas e amigos) e de fora (escola, televisão, internet) na formação dos nossos filhos. Os avanços tecnológicos e informáticos atropelaram os costumes dos pais e já atingiram as crianças antes mesmo de elas "começarem a pensar".

Como já vimos atrás, crianças e adolescentes absorvem as novidades por prazer e curiosidade, enquanto seus pais só descobrem sua existência quando delas precisam (capacitação para novos empregos, novos instrumentos de trabalho etc.). Os pais ficam olhando teclados, desconfiados, e os filhos já nasceram no mundo digital.

Por isso, é até bastante natural que os pais tenham perdido as referências educativas e não sabem muito bem o que fazer com os filhos, mesmo amando-os de paixão.

> **Nenhum pai, e muito menos uma mãe, erra de propósito com os filhos. Se erra é porque não sabe como acertar na educação.**

Mas nem tudo está perdido, pois, se há motivação, é sempre possível evoluir. Por isso criei a *Teoria da Cidadania Familiar*.

---

[1] Para saber mais, leia "Mãe dondoca e a *working-mother* (mulher que trabalha)" em Educação: como vive a família hoje, volume 2, desta mesma coleção (N.E.).

Capítulo 2

Cidadania Familiar

A formação da cidadania tem que partir de casa desde que a criança é pequena. Assim, a educação familiar ganha um foco para onde devem convergir todas as orientações, os ensinamentos e exigências, os deveres e direitos, os relacionamentos afetivos, as relações de custo/benefício, os aprendizados e práticas dos valores cidadãos, profissionais e pessoais, num processo muito mais racional que emocional.

O princípio fundamental é a família funcionar como uma equipe, onde todos os membros devem fazer o melhor que podem, sem sobrecarregar ninguém. Pelos preceitos da Cidadania Familiar, seus integrantes não podem fazer em casa o que não podem fazer vida afora.

A rigor, não estamos preparando nossos filhos para a vida, pois nenhuma empresa admite no seu quadro de funcionários uma pessoa que funcione como filho. Seria um funcionário que não cumpre o que deve e faz tudo o que não pode fazer, não atende o telefone quando chamado, mas gasta-o com seus amigos, desrespeita os mais velhos, abusa dos mais novos, quer tudo para si sem dar nada em retorno e se nega a fazer relatório de suas atividades.

Até recentemente, quando o machismo imperava, as mulheres eram sufocadas pelos homens que viviam bastante folgados nas suas posições machistas. Embaixo do folgado há sempre um

FORMANDO CIDADÃOS ÉTICOS

sufocado: essa é uma equação da vida. O folgado não quer perder a folga, portanto é o sufocado que tem de reagir. As mulheres reagiram. O machismo está nos estertores da morte.

Se as máquinas substituíram a força física e a informática, a lógica matemática dos homens, os pais que se cuidem, que usem mais o hemisfério cerebral direito, desenvolvendo sua comunicação afetiva, expressão emocional e sua visão 360 graus, principalmente em casa.

> **O sucesso dos pais não garante a felicidade dos filhos.**

Seguem algumas situações emblemáticas da *Cidadania Familiar*:

Crianças guardando brinquedos

Todos hoje conhecem crianças que, acabando a vontade de brincar, largam os brinquedos e vão para outra atividade, deixando uma bagunça atrás de cada brincadeira. É como fazem algumas pessoas, não importa a idade, o gênero, o nível social e até mesmo cultural quando deixam sujos o banheiro e a pia que usaram, quando deixam uma luz acesa ou qualquer outro aparelho ligado ao se retirar de um ambiente, quando jogam seus lixos pessoais no chão ou quando saem de um lugar deixando pior do que estava quando chegaram. Isto depende de educação para cidadania ética.

Crianças, em geral, não gostam de bagunça. O que os adultos têm dificuldade de compreender é que elas têm critérios de organização completamente diferente dos deles. Elas gostam de reunir coisas, enfileirá-las, pô-las em ordem, encaixar tudo. Entretanto, elas se acostumam com o que vêem em casa. Quando predomina a desordem, passam a achar que o natural é a bagunça. Assim não se incomodam em abandonar os brinquedos quando não querem mais brincar. É importante os pais complementarem: "A brincadeira acaba quando você guardar os brinquedos, portanto, vamos guardar!".

Não posterguem: a criança tem de aprender que ela deve fazer o que lhe for possível ser feito. A mãe recolhe alguns objetos e os guarda, mas a criança inicialmente a ajuda para depois a mãe ajudar a criança, até que ela consiga guardar tudo sozinha. O importante é a criança tomar a iniciativa e guardar os brinquedos verificando se deixou em ordem o local onde brincou. É interessante que o educador manifeste a sua satisfação e comente brevemente como é bom deixar tudo em ordem para mais tarde brincar outra vez.

Quem não aprende a guardar seus próprios brinquedos acha natural viver em bagunça, largar seu material escolar em qualquer lugar, perder o celular etc. Não aprende a cuidar do quarto, da casa, da cidade, da Terra… Não desperta gratidão aos que lhe ajudaram, guardando por ele o que ele largou de qualquer jeito. Não desenvolve o respeito aos pertences dos outros, pois os trata como fossem seus, já que os seus ele não os preserva. Esta é uma forma de não respeitar os outros. Não é ético deixar para outro quando a pessoa pode fazer a sua própria tarefa.

FORMANDO CIDADÃOS ÉTICOS

"Ninguém guarda brinquedo. Por que só eu tenho que guardar?", pode questionar um filho.

Com calma o pai(mãe) pode explicar: "Filho, quando você tem vontade de ir ao banheiro, você vai, senta e faz o serviço. Quando termina a vontade, você simplesmente sai correndo para brincar ou se limpa antes de sair? O serviço não termina quando acaba a vontade, mas quando você se limpa. A descarga também tem que ser dada, não é mesmo?

A brincadeira também não acaba quando acaba a vontade de brincar, mas quando você guarda o brinquedo e arruma o tapete. Assim você deixa o lugar em ordem para a próxima pessoa que chegar. Isso é um sinal de respeito ao próximo. Um gesto cidadão".

A criança precisa aprender a se organizar para viver bem e ser feliz

Para ser feliz, a criança precisa desenvolver no dia a dia um critério interno do que é certo ou errado, adequado ou inadequado e essencial ou supérfluo.

Com esse critério interno, a vida da criança melhora muito, pois sua autoestima cresce à medida que vence os desafios. Ela não fará somente o que já sabe fazer. Repousar no sucesso, que é transitório, não traz felicidade para ninguém, principalmente nessa idade, em que abrir-se para aprendizados é essencial. Para quem sabe fazer, o difícil se torna fácil.

Muitas atividades obrigatórias são chatas para a criança justamente por ela ainda não ter o conhecimento nem a prática de como fazê-las.

Fazer o inadequado é mais fácil que ter de avaliar a adequação. É mais fácil fazer xixi na fralda quando tiver vontade do que segurar a vontade para urinar no vaso sanitário. Nem sempre o fácil é o melhor, pois alguém vai ter que trocar a fralda urinada para não "assar" as partes em contato com a urina. Uma criança educada tem satisfação em ser adequada, pois ela sabe que está "fazendo tudo certinho".

Se estiver com vontade, fazer xixi é mais importante que brincar. Se não fizer o importante (essencial), não vai conseguir brincar tranquilamente. Naquela hora, brincar passa a ser menos importante que urinar.

Reforços, elogios e prêmios devem ser justos e mais recompensadores quanto mais difícil, trabalhosa ou demorada for a atividade.

Educação em rede

Para que um filho guarde os brinquedos, é preciso que os pais sejam coerentes entre si. Aquele(a) que permite que não se guardem os brinquedos nem se recoloque a poltrona no devido lugar está sabotando esta educação. É o *Princípio da Coerência Educativa*. Se um funcionário no seu trabalho não pode receber duas ordens opostas, uma anulando a outra, muito menos um filho que já está predisposto à bagunça.

A babá (ou empregada, ou faxineira, ou avós, ou seja quem for) deve ser orientada a não guardar o brinquedo que o filho deixou fora de lugar, mesmo que ela tenha ordens ou vontade de deixar a casa em ordem. É preciso explicar-lhe o motivo desta medida e

FORMANDO CIDADÃOS ÉTICOS

complementar com leituras adequadas, geralmente emprestando os livros ou textos que os próprios pais estejam lendo. Na Cidadania Familiar, todos têm seus direitos e deveres.

Guardar os próprios brinquedos tem que ser uma medida constante. Não há folga para os deveres até o filho incorporá-los e torná-los naturais. É o *Princípio da Constância Educativa*.

Quem não cuida perde!

Quando a criança, mesmo tendo conhecimento de que deve guardar seus brinquedos, recusa-se a fazê-lo, está na hora de aplicar o *Princípio Educacional da Coerência, Constância e Consequência*[2].

Esse princípio surgiu para suprir uma falha educativa durante o desenvolvimento do filho. Quando o filho nasce, ganha o *amor gratuito*, pelo simples fato de existir. O bebê nada precisa fazer por merecê-lo. Quando começa a tomar iniciativas, recebe as noções do que pode e do que não pode: é o *amor que ensina*. Depois que a criança aprende, ela tem que praticar o que aprendeu, pois é a prática que consolida o saber, que transforma a informação em conhecimento. Quando ela não faz o que deve, ou faz o que não pode, tem que existir o *Amor que Exige*.

É neste ponto do desenvolvimento que os pais falham. Em vez de exigir que a criança faça, colocando limites no que não pode fazer, os pais querem ensiná-la outra vez. "Já falei que não pode!", e a criança continua fazendo mesmo que saiba que não pode fazer.

---

[2] Para saber mais, ler *Adolescentes: Quem Ama, Educa!*, de Içami Tiba. São Paulo: Integrare, 2005 (N.E.).

Está na hora de exigir que não faça. Em geral ela insiste no que não pode, para testar se o limite é realmente para ser respeitado.

Caso os pais relaxem e permitam que a criança faça, eles autorizaram-na a fazer pela omissão da proibição. Se uma proibição verbal não funcionar, é preciso que haja consequência.

Consequência não é castigo, que funciona hoje como martelo em computador. O que vale é educar, portanto o filho tem de aprender a arcar com as consequências dos seus atos. De pouca serventia é os pais ficarem nervosos, gritarem, baterem... Os pais têm sempre que lembrar que educação é um projeto racional e não emocional.

Se ficar nervoso é melhor dizer que vai sair para se acalmar, porque, quando se está assim, dizemos e fazemos coisas que não precisa. O filho que fique parado, suspendendo todas as atividades (brincadeiras, iPods, internet, som, seja o que for), até o nervosismo diminuir e então voltar.

Deve o nervoso sair, pois a sua presença instiga reações no filho e o deixa sentir-se com o poder de deixá-lo nervoso. Quando o nervoso sai, deixa o filho impotente. O nervoso comunica que vai sair, não está pedindo autorização. O filho sente que está perdendo o nervoso (pai ou mãe), que ele não está sob o seu controle. Isso é um aprendizado.

> **Castigo, como primeira medida, não educa uma criança folgada. O que a educa é assumir as consequências de seus atos.**

FORMANDO CIDADÃOS ÉTICOS

Castigos estão diretamente relacionados ao estado de paciência e humor dos pais, que invariavelmente repetem os mesmos erros, como mandar a criança para o quarto, não deixá-la ver televisão nem jogar videogame, pô-la quieta em algum canto, tirar do seu quarto aparelhos e objetos de lazer, gritar com ela, passar-lhe sermões, dar-lhe uns beliscões e até mesmo uns sopapos. Que relação existe entre esses castigos e a transgressão de não ter guardado o brinquedo?

Assim que perceber que a criança não guardou o brinquedo ou não quis guardá-lo, é preciso dizer em tom sério (sem gritar nem ser agressivo – pois a razão está com você): "Vou contar até três para você começar a guardar esse brinquedo. Se, quando eu chegar ao três, você ainda não estiver guardando, vamos doar o brinquedo. Quem não cuida não tem".

Geralmente a criança guarda antes de chegar ao três. Dependendo do brinquedo, a criança precisa de um certo tempo para guardá-lo. Dá para diferenciar quando a criança está realmente guardando ou está enrolando. Caso ela não esteja guardando, pegue o brinquedo enquanto diz "você acaba de perder este brinquedo" e deixe-o num lugar inacessível a ela. Na primeira oportunidade, acompanhe seu filho para que ele faça a entrega do brinquedo a uma criança carente.

O gesto cidadão do não desperdício é doar o que não está sendo bem usado, além de ajudar a quem precisa. Se o filho não cuida, há quem cuide. Os pais e os filhos têm que aprender que a doação em si não é castigo. Ficar sem o brinquedo será a consequência educativa.

> **A consequência é perder o brinquedo de que ele não cuidou e o doar, para evitar o desperdício.**

Se uma criança não quer guardar um brinquedo é bom que ela saiba as consequências. Além disso, toda ordem tem um prazo de execução, ou seja, como funcionaria uma empresa, empregados e empreendedores sem determinação de prazos? Mesmo o "agora" tem que ter um prazo.

Contar até três é dar um prazo para a criança lembrar que tem de mudar de ideia e guardar o brinquedo. É o princípio educativo de que a toda ordem acompanha o prazo de execução. O que não é adequado é aceitar que a criança corra para guardar o brinquedo depois que a contagem ultrapassou o três. Perdeu o prazo? Que arque com as consequências. Tudo tem limite. É seu e não cuidou? Perdeu!

O que põe por terra esse método é fazer o brinquedo aparecer magicamente depois, seja por que pretexto for, muito menos como recompensa a um bom comportamento. Está terminantemente proibido, seja quem for, dar outro brinquedo igual ou devolvê-lo depois que foi tomado. Pois isto significa que a consequência foi descumprida, e o filho perde este aprendizado. Qual é o aprendizado que um filho adquire ao ouvir outra vez a mesma ladainha: "Quantas vezes vou ter que repetir a mesma coisa?" ou "Esta é a última vez que vou arrumar o seu quarto"?

Nada de devolvê-lo só porque a criança aprontou um escândalo ou prometeu que da próxima vez o guardará direitinho. Se os pais não cumpriram o que disseram, por que a criança precisa cumprir o que prometeu?

Instinto de vencedor

Um bom exemplo para observar um vencedor é uma luta de boxe, no último *round*, quando os dois estão empatados e totalmente exaustos que mal se aguentam em pé, e seus golpes não têm mais tanta eficácia. De repente um acerta um golpe e sente que abalou o outro.

O golpeador sente renascerem as energias, seu corpo não sente mais tanto cansaço, não lhe dói a costela quebrada, seus golpes, fortes quais os de um leão enfurecido, tornam-se certeiros e em poucos segundos coloca o outro a nocaute. Sai pulando, dá voltas no ringue, sobe nas cordas, comemora dando socos no ar, mostra ao público que é vencedor. O público reage com energia e o aplaude com entusiasmo. A maioria das pessoas sempre se une ao vencedor. E este já desafia o próximo adversário.

O que aconteceu dentro dele?

Quando o golpeador anteviu a vitória, seu corpo foi inundado pela endorfina que lhe aumentou o nível sanguíneo de testosterona e adrenalina, provocando-lhe aumento de batimentos cardíacos, oxigenação maior do sangue, elevação de pressão arterial, diminuição da sensibilidade às dores e ao cansaço, tornando-o focado e aumentando a eficácia dos seus golpes, numa sensação de prazer muito grande e disposição para massacrar o próximo da lista de adversários.

Essa mesma endorfina inunda, em maior ou menor quantidade, o organismo de uma pessoa que supera um obstáculo, atinge um objetivo, realiza uma tarefa considerada difícil etc. É o caso de um adolescente que defende sua ideia (desejo, proposta, ação) e consegue convencer o outro (pai, professor, fiscal, autoridade) ou de um púbere que briga na rua para defender a sua mãe, que ele mesmo tanto ofende, e volta cheio de equimoses e de olho roxo mas feliz. É da satisfação de ter defendido com unhas e dentes, defendendo um ideal.

● ● ●

Quando um filho ganha sem esforço um brinquedo, depois outros, e vai recebendo tudo o que quer sem despender um mínimo esforço nem um merecimento, acaba não valorizando o que ganha, isto é, não produzirá endorfina.

Sem custos, os benefícios gratuitos aleijam o desenvolvimento dos filhos. A distorção educativa é que o filho se sente no direito de ter os benefícios e passa a exigi-los sem custo.

De pouco serve os pais reclamarem que os filhos não valorizam o que têm. A verdadeira educação é inspirar os filhos a lutar pelo que querem, fazer-se merecedores das conquistas que são premiadas pelas endorfinas. Assim, os pais não devem dar tudo seguindo seus próprios desejos ou porque têm condições de dar, mas devem oferecer as coisas de que os filhos realmente precisam.

FORMANDO CIDADÃOS ÉTICOS

É a partir da demasia que vem a desvalorização e o desperdício material e a falsa autoestima de bem-estar.

Quando é um prêmio merecido, um desafio ou barreira que se empenhou para superar, uma ação que demandou bastante esforço, o filho sente o prazer de receber e o valoriza. Essa valorização que enriquece é também a autoestima que o faz um lutador. É o benefício do seu empenho (custo) que ele está recebendo. É um cidadão ético que está sendo formado.

• • •

Sem esforço, o filho é como o boxeador que vence a luta pela ausência do adversário. Nunca vi um lutador que se preza dar voltas no ringue nem subir nas cordas de um canto do ringue para comemorar a vitória por W.O. (ausência do oponente). Ele sente até um pouco de decepção na hora que o apontam como vencedor.

• • •

A grande maioria dos vencedores tem histórias passadas de necessidades e sofrimentos que lhes deram fortes alicerces para lutar e conquistar as suas vitórias. Mas podem também ser vitoriosos se tiverem a educação que leva em conta o princípio do custo/benefício.

Qualquer pessoa hoje pode observar uma crise de birra de uma criança que quer comprar mais um brinquedo com a mãe que diz que os brinquedos comprados já bastam "por hoje". Essa birra, observada hoje, é precedida por outras ocorridas em casa, nas quais a criança saiu vencedora e a mãe derrotada. Os vencedores temem cada vez menos seus adversários, principalmente os mesmos que já foram derrotados por eles antes.

Para os perdedores, esse mecanismo traz junto desespero, receio de perder outra vez, o que o faz perder realmente. Acontece muito no futebol: por exemplo, quando o time A, mesmo sendo bom, mas tendo perdido sempre para o B, já entra em campo quase nocauteado, sem esperanças, enquanto o B já entra cheio de esperanças, atropelando o A para amedrontá-lo mais ainda.

A mesma situação vive o filho vestibulando que já entra derrotado, com uma sensação de que não conseguirá ser aprovado para a faculdade, ou um filho exuberante e ousado que perde todo o encanto diante de uma garota por quem já está apaixonado; ou ainda um filho pequeno que tem um bom desempenho nos treinos de qualquer esporte, mas perde todas as competições; ou aquele que sabe tudo com o professor particular, mas tem um "branco" na hora da prova...

Alimentando a birra do poder

Cada vez que a criança consegue algo com o poder da sua birra, ela aumenta seu espírito vencedor sobre a mãe. Reparem na mãe perdedora, aquele rosto de desânimo, de perda de esperança, de fraqueza muscular, atordoada, de ombros caídos, desesperançada, olhar de não-sei-mais-o-que-faço. É essa sensação de derrota da mãe que torna vitoriosa a birra. Não foi a mãe que perdeu, mas tudo o que ela representava – como a educação; venceu o macho alfa (que grita mais alto), venceu a tirania do menos competente, porém mais forte. Mas sobre isso vou falar no item adiante, "Instinto Perdedor".

A *birra do poder* é um método inadequado de conseguir do outro, pela força, pelo constrangimento público, pela chantagem afetiva, o que este outro não quer dar. Sempre envolve sofrimentos do filho que quer algo e sofrimentos da mãe que, mesmo querendo, se vê impedida de dar por diversos motivos.

Estes sofrimentos podem ser evitados quando se aprende a lidar com a birra dos filhos que querem algo, ou da mãe que, mesmo podendo, não dá "só de raiva", "para ele aprender que quem manda aqui sou eu"; ou: "não adianta me agradar (ou agredir) só para conseguir de mim o que quer" e outros argumentos...

Na mente da criança, a birra do poder surge quando ela se sente frustrada pelo desejo não realizado. A vontade é de querer impor a sua vontade. Quando sente que a barreira é intransponível, ela desiste. Mas, se sente que pode ser demovida, sua força cresce a cada vez que acerta um golpe. O filho percebe que acertou quando a mãe vacila, posterga, inventa argumentos como barreiras.

Quando um filho pede e a mãe o corta, saindo do local, ela mostrando firmeza irremovível, ele nem começa a birra. Mas quando ela permanece no local e lhe responde: "Agora, não!", "Amanhã!", "Na próxima vez!", "No seu aniversário!" etc., o filho percebe que acertou o golpe, isto é, impôs à mãe a ideia da compra. Agora, o próximo *round* vai ser golpear para ganhar o "agora". A birra continua, o golpe é então mais forte: "É o brinquedo da minha vida!", "Sempre sonhei com ele!", "Você não me ama!", "Você sempre compra pro meu irmão!", "…mas desta cor eu não tenho!" – e todos os argumentos para que a mãe compre agora, isto é, acabe com a barreira. Mesmo que a mãe diga que é a "última compra", o filho terá vencido…

Imaginar que um filho pode se tornar um campeão fazendo birras não é a melhor solução, pois o que acaba acontecendo é ele ser campeão em birras. Birra quem aceita geralmente são só os pais. Nunca vi nenhum transeunte estranho atender a uma birra de criança. Ninguém se torna cidadão usando birras, apesar de muita gente tentar…

● ● ●

Para se formar um cidadão é preciso que a própria vontade não seja superior às regras sociais. Cabe aos pais enfrentar a birra dos filhos. Saber lidar com essa situação de confronto de forças deve ser administrado pelos pais. A birra é a esperança de transformar o "não" dos pais em "sim", abusando do constrangimento público, da incapacidade de negar ao filho algo que ele quer tanto e "não lhes custa nada dar mais um".

Isso leva os pais a pensarem primeiro qual a linha educativa a adotar: desenvolver um cidadão ou um tirano. Seja qual for a linha adotada, seus efeitos primeiramente são sentidos pelos próprios pais.

> **Filhos tiranos, pais sofredores.**
> **Filhos cidadãos, pais felizes.**

Instinto de perdedor

Vimos a luta de boxe antes analisada pelo instinto ético do vencedor, vou agora focalizar o do perdedor. Quando o golpeado (pai, mãe) sente-se atingido, ele já nem reage mais, seus braços não o protegem mais, golpeia muito menos, torna-se alvo fácil, só recebendo golpes cada vez mais fortes, seus olhos param. Tornou-se um saco de pancadas. Caso o juiz não interfira com nocaute técnico, o perdedor cairá no chão como um saco de batatas.

O que aconteceu dentro dele?

Quando o golpeado levou o golpe, entrou em estresse, diminuindo imediatamente a produção de dopamina e endorfina, liberando cortisona em excesso, o que provoca sensação física tremendamente ruim, de um fracasso irreversível e de perda esmagadora, de medo, de paralisia, coração batendo menos, sua pressão arterial cai e diminui drasticamente a oxigenação do sangue que traz sofrimento cerebral, todos os músculos lhe doem e fogem de seu controle, perde o foco e só pensa no impossível de se defender ou de fugir porque nem braços nem pernas funcionam mais. Quando seus olhos param é porque a consciência já não está mais funcionando. Mantém-se em pé por automatismo muscular de lutador muito treinado, mas depois cai estendido no chão, derrotado, sendo socorrido por auxiliares.

Dá pena ver como uma mãe sofre quando um filho faz publicamente uma birra afetiva ou de poder. O filho aplica-lhe diversos golpes, psicológicos, físicos, sem dó nem piedade, para massacrá-la. A mãe, procurando defender-se o máximo possível, vermelha de raiva e mãos frias de vergonha e constrangimento de ser vista e julgada pela má educação do agressor por todos os transeuntes – que torcem a favor do filho. O que ela mais quer é acabar logo com a situação e sair de lá... Mas como fazer se as suas pernas, sua voz, suas mãos não surtem nenhum efeito no furioso, danado e malvado filho amado?

Por prevenção, ao sair de casa, a mãe já vai avisando o filho birrento: "hoje vamos comprar somente dois brinquedos...". Por que ela não disse: "hoje não vamos comprar nenhum brinquedo"? ou "hoje vamos comprar só um brinquedo"? Porque esta mãe já sabe que ele vai incomodar tanto que ela não resistirá; por isso, já aceitou levar o primeiro golpe, antes mesmo de sair de casa. O filho já prenuncia a vitória sobre a mãe.

Quando a mãe lhe comprou o primeiro, ele já havia escolhido o segundo presente e passa a escolher o terceiro. Se a mãe ceder facilmente, é sinal de que pode insistir no quarto, e assim por diante, até quando a mãe diz mais incisiva, ou brava, ou em voz alta: "Agora chega! cinco brinquedos é mais que suficiente". Com essa explicação, o filho sabe que a insistência com escândalo fará a mãe comprar o sexto, e começa uma furiosa birra que a mãe queria a todo custo evitar. Não há muito como cortar tal tipo de birra a não ser drasticamente.

Desde o momento em que o birrento consegue o que quer, a educação mudou de rumo. O birrento "educou" sua mãe para atendê-lo. Uma criança que vive fazendo birras é infeliz. Ela é prisioneira do esquema que estabeleceu, complementado pela falta de conhecimentos educativos da mãe, e não pela falta de amor.

FORMANDO CIDADÃOS ÉTICOS

Esse tipo de birra acontece muito menos na companhia do pai, pois este tem paciência curta, voz grossa e mão pesada. O filho sabe que, se insistir muito, vai despertar a testosterona do pai e aí as coisas "ficam pretas" para ele. O birrento não costumava provocar o pai, porém, hoje, já há também pais sendo vítimas das birras dos filhos. Isso contraria desde o macho alfa que todo pai tem instintivamente dentro de si até os desejos de autoridade saudável (liderança educativa) que ele tem de exercer sobre os filhos. Mas não perdoa a mãe, pois ela quer pôr um limite mas não quer contrariá-lo.

• • •

Esperança?

O que é muito ruim para a educação é a mãe perder a esperança de corrigir, porque "o menino está tomado pelo diabo", ou "esse menino não tem mais jeito" etc. O fato é que mesmo estando na presença do endiabrado filho a mãe já se coloca como perdedora.

A mãe que estabelece limites pratica disciplina, proíbe o que é prejudicial, diz não às ações transgressoras e pratica o amor que educa. O outro amor – o permissivo, o altamente tolerante, o submetido aos maus-tratos e ao egoísmo – não servirá ao filho nunca.

Saber ganhar é saber perder

Não é obrigatório que um perdedor se sinta também derrotado. Se ele fez o melhor que conseguiu, treinou bastante, dominou a técnica, teve um bom técnico, mas perdeu e reconheceu que realmente o outro foi melhor, portanto mereceu ser o vencedor, ele se recupera e volta aos treinos com maior aplicação para melhorar seu desempenho para enfrentá-lo outra vez e conseguir a vitória.

Quem não sabe perder também não sabe vencer. Quem, quando vence, se sente superior ao vencido e faz pouco dele, fica arrogante e prepotente, desdenhando quem foi seu adversário, não sabe perder. Quem não sabe perder abandona o esporte, porque não admite que o outro estava mais bem preparado. Nos estudos, ele acha que é o professor que o reprovou, e não ele que não sabia o suficiente. No trabalho, ele julga que é sempre o outro que o prejudica e o chefe não gosta dele, e não ele que é relaxado, bagunceiro e pouco competente. Na família, se sente o rejeitado, o preterido, já que o outro é o queridinho da mamãe, quando na realidade ele é que maltrata todos, é um folgado, mal-agradecido.

Vencer não é uma questão de superioridade, mas sim de maior desenvolvimento, de apresentar melhores resultados, de maior competência. E tudo isso se adquire através da educação e do esforço pessoal. Ninguém vence a luta para o boxeador no ringue numa competição limpa e ética. É ele, com seu preparo físico e psicológico, sua técnica e estratégia de luta que vai ter que vencer *pessoalmente* o adversário. É o estudante que senta para fazer as provas aprovativas ou competitivas. É o cidadão que teria que fazer a sua parte para a humanidade caminhar.

Portanto, quem não sabe vencer, mesmo vencendo, é um perdedor, tanto quanto o perdedor, que, reconhecendo sua derrota, abandona o esporte, a faculdade, a vida.

FORMANDO CIDADÃOS ÉTICOS

> Para o vencedor, uma perda é apenas um dos degraus para se atingir a glória. Por isso, esse perdedor não é um derrotado, mas um futuro vencedor.

Faz parte da educação saudável, ética e cidadã os pais mostrarem, ensinarem, exigirem e demonstrarem que:

- a birra é inadequada;
- ter que dormir com alguém vigiando é ruim para ele;
- não é enganando os outros que se é vitorioso;
- não existem vantagens em não guardar seus brinquedos (roupas, material escolar, tênis etc.);
- só é resguardada a privacidade de quem a merece;
- estudar é uma obrigação que só lhe faz bem;
- alimentar-se bem é questão de saúde, assim como escovar os dentes e tomar banho;
- drogas dão prazer mas são ruins para todo mundo (filhos, pais, famílias, sociedade, país).
- prazer ou desprazer são sensações instintivas com as quais só o ser humano já nasce e que podem ser boas ou ruins;
- bom ou ruim é um critério de conhecimento e sabedoria que somente os seres humanos têm, por terem inteligência superior à dos animais;
- para todos viverem na sociedade, é preciso que todos sejam cidadãos.

Não há vencedores nem perdedores nessas situações, porque a formação do cidadão ético faz parte da educação. O que importa é a construção, manutenção e usufruto da saúde, do conhecimento, do bom relacionamento, do bem comum, da qualidade de vida e da cidadania que traga dentro de si os seus pilares básicos, como disciplina, ética, gratidão, religiosidade e solidariedade.

> **A educação é a formação do cidadão ético e progressivo de que a humanidade tanto necessita.**

Esvaziando a birra

A birra existe e vai continuar existindo enquanto trouxer bons resultados para o birrento, isto é, obrigar outra pessoa a conceder o que não quer. Uma das melhores maneiras para a mãe manter o poder é o que eu chamo de método do chacoalhão ou *kid-shake*.

Logo na primeira tentativa que a criança fizer para iniciar a birra, a mãe se agacha, fita com os seus olhos os olhos dela na mesma horizontal, pega firmemente nos dois braços dela, que continua com os dois pés no chão, e dá umas sacudidelas rápidas e firmes só para balançar a cabeça dela para a frente e para trás, enquanto fala baixo e firme, quase rugindo entre os dentes: "para com isso!", levanta e sai correndo dali.

A criança sabe que olhar nos olhos da mãe brava é perigo na certa. Ela pode recusar, baixar os olhos, virar a cabeça. A mãe deve apertar mais os braços dela e ordenar: "olha para mim". Não adianta muito a mãe falar com uma criança que está se negando a ouvir. Mas a mãe tem que insistir para a criança não vencer este primeiro e significativo *round*. Se a criança sentir o instinto de vencedor, vai ser mais difícil, mas não impossível, a mãe recuperar o poder sobre a birra.

O *kid-shake* deve continuar até os músculos do pescoço relaxarem, pois enquanto a cabeça estiver ereta significa que a criança ainda não se rendeu. Quando a cabeça dela balançar para a frente e para trás está na hora de largá-la. Nesse momento, a mãe levanta (com o birrento talvez um pouquinho, bem pouquinho, zonzo) e sai depressa, quase correndo, do local. Deixe o filho no local. Quando ele perceber o que aconteceu, sairá correndo atrás de você.

Se a mãe ficar no local, mesmo que de costas, o birrento poderá dar uma mordida nas suas nádegas. E se o birrento perceber que a mãe o observa de soslaio, ou através do vidro, ou do espelho, ele continua na birra. Quando a mãe corta o seu olhar e sai do ambiente, o birrento não sabe o que fazer. Quando a mãe sai simplesmente andando, o birrento sabe que ela não irá para muito longe e logo voltará para saber se está tudo bem com ele. Ao correr, a mãe passa a mensagem de urgência, de perigo, e o birrento sai correndo atrás, assustado, perguntando: "O que aconteceu?".

Capítulo 3

Ética progressiva

A ética deve estar presente em todas as ações da Cidadania Familiar. É a matéria transdisciplinar que rege todos os nossos comportamentos. Um dos primeiros pontos a ser abordado é a perda de controle da razão; é quando qualquer um diz e faz sem pensar, podendo prejudicar muito a outra pessoa, a si mesma, o relacionamento e o ambiente que a circunda.

Alguns dos exemplos aqui utilizados já foram mais bem explorados em outras partes deste livro. A ética pode ser ensinada aos filhos de tal maneira que ela faça parte de todas as suas ações, tornando-a tão natural como se já tivessem nascidos com ela.

Um bebê tem que ser atendido na sua necessidade fisiológica, pois ele não consegue atendê-las sozinho: comer, beber, trocar fraldas, dormir. Ele come ou bebe o que lhe for colocado na boca, faz suas próprias necessidades (mas quem o limpa são os outros), dorme em qualquer lugar (ou de qualquer jeito) conforme o seu sono. Cabe aos adultos escolher a forma e o conteúdo de tudo que fazem por e para ele.

Amor dadivoso

Ele não é brinquedo dos pais, avós nem irmãos. Recebe tudo porque não tem como reagir nem falar. Mas expressa seus sentimentos através de expressões de agrado ou não. Quando os adultos percebem essa comunicação e a respeitam, vai se formando uma agradável sensação interna de ser atendido. É o amor gratuito que ele recebe, para continuar se desenvolvendo na transição entre o dentro e o fora do útero.

Mas muita atenção para que já se desenvolva para dormir sozinho, sem ajuda de ninguém. Um nenê que dorme bem traz tranquilidade e qualidade de vida para a família e seus vizinhos.

FORMANDO CIDADÃOS ÉTICOS

Fica registrada dentro do nenê uma memória não racional, o quanto ele foi respeitado. Esse é um dos primeiros pontos da ética.

Amor que ensina

Mesmo ainda muito dependente dos adultos, o bebê já pode tomar algumas iniciativas. Mesmo que ele ainda não entenda as palavras, percebe as expressões faciais, o tom de voz, os gestos firmes etc. Portanto está na hora de não aceitar o que não for adequado e ensinar o que é aceito por todos, de que todos vão gostar.

Nenês que nem falam mas dão tapas no rosto das pessoas devem ser ensinados a não dar. Há pessoas, principalmente avós, que apanham e ainda acham graça, reforçando a criança a repetir os tapas por achar que está agradando.

Pegue-a firme nos pulsos, olhos nos olhos, diga firme mas sem gritar: "Não pode dar tapas. Quer agradar? Então faz assim..." e ensine-a a afagar. A criança pode escolher entre agredir e agradar. Mas não pode ser vítima de uma ignorância de agredir quando quer agradar. Não pode deixar morder, nem achar graça, porque geralmente é agressivo. Depois que descobre esse meio, torna-se difícil tirá-lo, porque já é uma manifestação de sua força, do seu poder. Não é ético machucar os outros.

Crianças maiores já têm que aprender a cuidar dos próprios pertences. Não é ético sobrecarregar os outros com as suas próprias tarefas. Guardar brinquedos é um belo exemplo. A brincadeira termina quando a criança guarda todos os brinquedos e estica os tapetes. Agradecer a quem cuidou dos seus pertences é ético, pois estes cuidados são da própria pessoa e de mais ninguém.

Assim como ajudaram a criança menor a guardar os brinquedos, é ético ajudar os outros desde que eles não possam. Um exemplo muito bom para a ética é a mochila escolar dos filhos. Não é ético a mãe carregar sozinha a mochila se o filho não estiver carregando nada. Ajudar não é fazer por ele. O filho que carregue o que aguenta e a mãe ajuda a carregar o resto. Assim como a mãe ajudar o filho a carregar a mochila é ético, que ele ajude a mãe no que puder. Com uma mãe sobrecarregada com tantas tarefas em casa não é ético o filho permanecer na frente da televisão, aborrecido por não ter o que fazer.

Os pais dão telefone celular para os filhos para poderem conversar com eles. Não é ético não atender os chamados dos pais, seja onde for. Quem não atende os pais não tem por que ter um telefone celular.

Os pais dão o melhor que podem para os filhos estudarem. Não é ético ser um estudante médio se ele pode ser melhor. Ser reprovado não é ético, pois o filho tem um ano de oportunidade para ser aprovado. Lembrarmos sempre que não é o professor que reprova, é o próprio aluno que não cumpre a sua obrigação de estudar.

Devemos lembrar sempre que ninguém é superior nem inferior a ninguém, pode ser apenas mais ou menos desenvolvidos que nós. A idade consome a nossa força física. Aposentadoria aniquila *status* e poder. Dinheiro e matéria mudam de mãos. O que realmente nos pertence são os relacionamentos que estabelecemos. É ético ajudar os menos desenvolvidos, associar-se aos iguais, pedir ajuda aos mais desenvolvidos, aprender com os diferentes.

Enfim, tratar os outros, mesmo que ausentes, do jeito que gostaria de ser tratado é a ética que não pode faltar nunca.

Amor que exige

Se os pais já ensinaram, o filho aprendeu, não tem por que os pais aceitarem que ele não faça o que ele já sabe que tem que fazer. Não é para repetir as mesmas explicações. Este aviso é particular às mães que costumam irritar os filhos, principalmente masculinos, com tantas explicações. No lugar de dar novas aulas sobre a mesma matéria, exija que cumpra o que já sabe.

Se um filho não guarda seus brinquedos, não é para o pai ficar nervoso e dar uma bronca testosterônica, nem a mãe começar com ladainhas: "eu já lhe falei que você tem que guardar os seus brinquedos..." e emenda tantas falas mais que o filho já nem ouve. É simplesmente cumprir o que já está combinado, sem alterar a emoção. "Última chance de você guardar. Se não guardar agora, vou contar até três!"... e comece a contar. Talvez o filho precise até doar um brinquedo[3], ou mais, para aprender que os acordos combinados são para valer.

"Todos para a mesa para jantar", chama a mãe. Um dos filhos responde: "Não estou com fome. Acabei de comer um sanduíche!". No lugar de ficar brigando com ele, exija que ele sente à mesa mesmo que não coma, porque o que vale é mais a reunião do que a comida. Mas, se não comer, assim que terminar o jantar

---

[3] Ver parte 3, capítulo 2, "Quem não cuida perde", desta obra.

será tudo recolhido. Se não quiser que não coma, mas vai ficar sem comer até a próxima refeição, ou talvez dormir sem comer. Ninguém morre de fome onde tem comida. Vale a pena dizer que se ele quiser comer depois que coma, mas deixe a cozinha em ordem. Se fizer comida instantânea, que lave a panela. Se deixar desarrumada a cozinha, só vai comer quando arrumar. Não é ético deixar bagunça para outros arrumarem. Que comesse na hora certa.

Amor que troca

Aqui se demonstra a importância das etapas anteriores na formação da autoestima. O que uma pessoa com boa autoestima encontra dentro de si associada à ética e competência é material suficiente para se responsabilizar pelas trocas, sejam elas afetivas, pessoais, familiares, profissionais ou sociais.

Obrigações não se trocam, porque pertencem naturalmente à Cidadania Familiar. Presente não se exige, ganha-se. Filhos que vão mal na escola, que são deseducados ou fazem o que não devem também não deveriam receber presentes dos seus pais.

Se o filho cumpre seus deveres, não fez nada além do que foi combinado. O que ele consegue é desenvolver dentro dos pais uma apreciação melhor, uma tolerância maior, uma atenção especial. Mas que estas vantagens não sejam transformados em algo material para não ficar uma troca de interesses que logo vira chantagem.

Este amor que troca já pertence a um relacionamento mais maduro, não importa a idade. Se um filho quer algo extra somente

FORMANDO CIDADÃOS ÉTICOS

para ele, e custa dinheiro, os pais podem lhe atribuir uma tarefa em troca. Não se aproveitar dos necessitados (filhos) nem simplesmente aceitar que os filhos descumpram o combinado é uma questão ética que os filhos vão aprender conforme os pais a aplicarem. Com isso, os filhos têm de aprender que não existe nada de graça, que tudo tem um custo que alguém está pagando.

Amor que recebe

Os pais têm de aprender a receber dos filhos, não porque precisem mas por uma questão de amor. Receber inesperadamente um presentinho espontâneo, um beijo, um olhar do filho é alimentar-lhe a autoestima. É um prazer a que os pais não devem se furtar, pois é aqui que começam os cuidados com os pais, que um dia de fato precisarão, se adoecerem ou forem velhinhos, ou por qualquer outro motivo.

Os pais não serão provedores eternos. E se forem, é porque os filhos não foram bem educados. Portanto é preciso desenvolver no coração dos filhos a ideia de que, mais que o material, o pessoal é o que realmente fica dentro das pessoas.

Ensinamos os filhos a dar, quando aprendemos a receber deles, quando os fazemos sentirem-se importantes para nós, pais.

Vejo algumas mães cujos filhos pedem para ajudar, mas elas nada delegam sob diversos argumentos: "não perca tempo com isso, vá brincar" (quer dizer que a mãe pode perder tempo e o filho, não); "deixe que eu faço, pois você não está acostumado!" (quando é que o filho vai acostumar se não começar um dia a fazer?); "você nunca faz direito as coisas." (eu, supermãe, sou perfeita e você, um incompetente eterno. Esta é a melhor maneira de desenvolver a incompetência no filho) etc.

Esses tipos de conduta são um desestímulo à cidadania, à formação da autoestima e ao desenvolvimento da ética.

Capítulo 4

Ciúme, veneno do ciumento contra si mesmo

Uma criança pode não suportar o ciúme e agredir seu irmão diretamente, danificar os pertences dele ou estragar objetos da casa.

Ciúme é um sentimento de que ninguém está livre. O ciumento, tendo perdido a cabeça, foi destrutivo, porque soltou suas emoções mais primitivas. Os pais têm que educá-lo. Primeiro fazer levantamento de tudo o que foi prejudicado: o irmão, os pertences, o relacionamento, a casa. Ele não poderá ter esses comportamentos retrógrados, porque ele mesmo é o maior prejudicado por ter que arcar com as consequências do "estrago", além de provocar indisposição nos pais. Ele terá que ser progressivo. No lugar de "estragar" o irmão, valeria mais a pena ele progredir e assim receber o mesmo ou mais que o irmão recebeu.

É claro que há pais que exageram ao agradar a um filho e, por mais que o outro faça, não é nem notado pelos pais. Portanto,

FORMANDO CIDADÃOS ÉTICOS

antes de tomar qualquer atitude, vale a pena os pais refletirem se eles não estão sendo tendenciosos.

No exemplo acima, a ética fez falta nos comportamentos do ciumento. Os pertences e a casa nada têm a ver com ciúme. Os pais, se dessem atenção ao ciumento por causa do seu mau comportamento, também não estariam sendo éticos. É ética também a explicação dos motivos da preferência que os pais têm pelo outro (se este trata bem os pais, cuida dos pertences dele, mantém o quarto em ordem, não humilha os empregados, pensa no bem das outras pessoas, estuda para aprender etc.). O mundo prefere pessoas assim e detesta os comportamentos do ciumento. O ciumento tem que melhorar as manifestações do seu ciúme ou melhorar a si mesmo, o que é mais ético e progressivo.

Um dos grandes motivos do ciúme é que o ciumento se sente desprestigiado. Quando o pai ou a mãe está com o(s) irmão(s), o outro percebe que o pai (mãe) não está com ele. Geralmente este não se lembra de quando o pai (mãe) estava com ele e o irmão ficou sozinho.

Capítulo 5

Profissão: estudante

Quem sustenta essa profissão? É um contrato de trabalho muito apertado para os pais e muito folgado para os estudantes. Os pais dão o melhor que podem e conhecem para que o filho estude.

Mas este, além de não estudar, faz um esforço apenas suficiente para passar de ano. Onde está a relação custo/benefício?

É inaceitável que um filho seja reprovado na escola. Os pais não devem cobrar o que deram, mas é preciso ensinar o filho a se comprometer com as suas responsabilidades porque isto é gesto de cidadania com ética progressiva. Ele também tem que dar o melhor de si nos estudos.

Se lhe foi passada a responsabilidade de estudar, não só é necessária a prática de o filho corresponder ao compromisso mas também há a necessidade de os pais cobrarem resultados dele. A reprovação já começa a ser percebida nas primeiras provas escolares, basta apenas que os pais acompanhem os boletins e relatórios. Caso não o façam, correm o risco de estar sendo negligentes. Cabe aos pais estabelecer o *Princípio das Conseqüências* já nas primeiras falhas.

No contrato do estudante com os pais, feito no começo de cada ano letivo, deve constar o objetivo do final do ano, com metas mensais. Para bons estudantes, os pais podem relaxar, mas não descuidar. Para os maus, é bom os pais ficarem em cima do que combinarem. O futuro profissional e a qualidade de vida do filho (e dos pais) é que estão sendo preparados hoje.

Não é justo para os pais investirem tanto nos estudos dos filhos e estes, além de não corresponderem, ainda os sobrecarregarem às vésperas de provas importantes. As provas deveriam ser simplesmente constatações do que os filhos aprenderam.

Na(s) disciplinas(s) em que não estiver bem, os pais devem combinar um método próprio para estudar em casa, dividindo-a em pequenas partes a ser vistas diariamente, um pouco da matéria

FORMANDO CIDADÃOS ÉTICOS

dada antes da prova em que foi mal e da que veio depois da prova. Isto tem que ser cobrado sistematicamente, isto é, quase diariamente. E não é difícil de ser executado. O filho estuda quando e como quiser, mas tem que dar uma explicação do que estudou ao pai (ou mãe) usando as próprias palavras. Isto é bom para os pais e para o filho, pois aumenta o convívio e os pais tomam conhecimento do que o filho está aprendendo na escola.

> **Não vale o filho apenas repetir o que estudou, pois isto é decoreba, uma engolição das informações.**

Hoje estamos na era do conhecimento. Quando o filho tem que usar as próprias palavras, antes ele teve que entender, depois incluir no seu corpo de conhecimento para, então, poder explicar. O grande lucro está no aprendizado. A decoreba é um produto perecível e descartável. O aprendizado leva ao conhecimento, que pode melhorar a vida do filho e de todos à sua volta.

Caso o filho não consiga explicar aos pais é porque não sabe. Merece as consequências, como já vimos, perder os privilégios previamente combinados. Não são perdas definitivas. Se tiver "uma balada" importante para ir, é bom que ele saiba que somente sairá se *explicar* direitinho o que estudou. Caso contrário ficará estudando enquanto todos os seus amigos se divertem na balada. Os pais percebem nessa hora como os filhos são esforçados, inteligentes e até empreendedores para descobrir novos métodos de aprendizado.

O melhor de tudo isso é a responsabilidade que o filho desenvolve dentro de si, o interesse sobre a matéria que antes nem sequer entendia mas já odiava, e ter um novo olhar sobre o professor e o aprendizado. No lugar de criticar as escolas, os pais têm que complementá-las no que for possível, pois é do maior interesse da família que seus filhos sejam vencedores. Uma das grandes falhas é o método decoreba de ensino. Não é o que as escolas querem, mas é o que acontece com as escolas que avaliam os alunos somente com provas mensais, bimestrais etc. Os alunos passam a estudar somente nas vésperas das provas. É como se trabalhassem somente nas vésperas do recebimento dos salários.

O objetivo é capacitar os filhos e não simplesmente aprová-los. Uma boa parte de estudantes são aprovados mas continuam analfabetos funcionais (não compreendem o que leem). Desta maneira os alunos estudam, isto é, decoram o mínimo possível somente para os exames, e os professores os aprovam com a nota mínima possível, quando não adotam o sistema de progressão continuada. Este sistema governamental de aprovar todos os alunos sem avaliação, além de não ter a ética progressiva, já nasceu falido, pois contraria todas as leis de mercado do custo/benefício. Pelo fato de o governo dar uma ajuda de custo a quem não tem emprego, há muitas pessoas que não querem ser registradas (nem um pouco ético-progressivo) para não perderem a bolsa-família. Assim também um filho que receba de graça tudo dos pais pode atrofiar suas competências, ceifar suas motivações de "vencer na vida".

Um país não tem como se desenvolver se vive dos mínimos: o funcionário (estudante) produz o mínimo possível para não ser despedido (reprovado); a empresa paga o mínimo possível para que ele não peça demissão (abandonar os estudos).

FORMANDO CIDADÃOS ÉTICOS

Assim também uma família não conseguirá vencer por gerações se no lugar de sucessores-empreendedores tiverem "herdeiros--esperadores".

Capítulo 6

"Herdeiros-esperadores"

S e fazem o que os filhos, mesmo pequeninos, têm sua própria capacidade de fazer, os pais estão *aleijando-os* em vez de ajudar. Deixando de fazer, os filhos não transformam as informações recebidas ou ensinamentos em conhecimentos. Esta poupança paralisa as ações dos filhos, como tenho insistido neste livro, que assim acabam não *empreendendo novos caminhos.* Diante de obstáculos futuros acabam tendo que esperar que outros os enfrentem. Isso lhes quebra a autoestima e torna cada vez mais complicada qualquer iniciativa. Em vez de empreendedores acabam sendo "esperadores".

Além de se indignarem caso tenham que fazer algo, os *herdeirinhos* esperam que outros façam de boa vontade por e para eles, como se fossem príncipes em relação aos seus súditos.

Aparentemente são cheios de si, mas sua autoestima é muito baixa, pois eles *sabem* o quanto são incapazes e já nem tentam fazer o que desejam pelo temor ao fracasso. Ninguém pode ser feliz dependendo tanto de outras pessoas. É a mãe, ou o pai, que falsifica a própria letra para fazer a lição do filho, sem se incomodar com o exemplo que está dando de enganar a professora, de ser avaliado por algo que não fez...

Afinal, o que é que o filho está herdando? A falta de ética, a "esperteza" que acaba com o Brasil? É por amor e também por falta de conhecimento que os pais criam herdeiros. Se a herança for material, com que competência poderá o filho administrá-la?

Os "herdeiros-esperadores" podem se tornar agressivos quando os outros se recusam a satisfazer as suas vontades. Sentem-se superiores mas inseguros, e dão-se o direito de explorar, agredir, queimar, humilhar os mais fracos. Esses "herdeiros-esperadores", para não perderem seus reinados e regalias, são capazes de extorquir seus próprios pais. Para conseguir seus intentos, eles vão desde enganar, mentir, chantagear, ameaçar até a assassinar seus pais. São capazes de levar à falência empresas herdadas por incompetência profissional, por conflitos que vão desde simples desentendimentos ideológicos a verdadeiras guerras por vaidades feridas, invejas, rivalidades, investimentos e retiradas egoístas etc.

Capítulo 7

Sucessores-empreendedores

O antigo chefe alfa de família era quem dava ordens, comandando os filhos com voz grossa, mão pesada e paciência curta. Hoje os pais, ou substitutos, não querem mais ser adultos alfa. No mundo corporativo eles estão desenvolvendo a liderança, como líder ou como liderados. Mas ainda não identificaram seus próprios papéis e funcionamentos em casa, principalmente na educação dos filhos.

Os pais empreenderam uma mudança radical do comportamento alfa e partiram para o oposto. As crianças ficaram livres das pressões de adultos (pais, avós, professores etc.) para realizar seus desejos (direitos) e não foram educadas para arcar com as suas obrigações (deveres). Sem parâmetros nem valores internos saudáveis, elas foram contaminadas pelos comportamentos dos pares (parentes, colegas, amigos etc.) e da mídia (tevê, internet, jogos eletrônicos etc.).

A vontade mobiliza a ação que busca saciedade e prazer. Portanto, para as crianças o objetivo final das suas ações é o prazer. O dever pode no início ir contra o prazer (sacrificar a vontade), até atingir a consciência social do dever quando passa a ser um prazer realizá-lo. Uma criança que joga o lixo no devido lugar e sente o prazer de manter limpo o local onde está, com certeza sentirá prazer em preservar a Terra quando for cidadão.

Mesmo um casal apaixonado não vive só de prazeres. Ambos calam suas frustrações mútuas, dedicam-se totalmente um ao outro, tudo o que cada um quer é agradar ao outro... Isso tudo dá um imenso prazer. É fisiológico que a paixão passe e dela brote o amor, um relacionamento também intenso, mas mais amadurecido, mais preservador, construtivo, inclusivo a outros, com maior responsabilidade social que o sentimento anterior.

Não seria difícil para os pais migrarem conhecimentos do mundo corporativo para a educação dos filhos. A família hoje é um time em que cada um joga na posição do seu maior desenvolvimento. Ter um chefe é muito diferente do que ter um líder. Lembrar sempre que liderança também tem voz de comando, se necessário. A liderança familiar é rotativa e compartilhada, não fixa. Lidera a situação quem for mais desenvolvido nela.

No conjunto familiar, quanto mais a liderança for compartilhada, melhor. Portanto, antes de o líder decidir algo é importante e bom consultar outros integrantes. Um exemplo é um pai (ou outro adulto) querer dar um presente a um filho. Ele pode dar um carrinho de bombeiro que ele próprio sempre quis ter. O filho poderá até ficar contente, mas se o pai pesquisar outras pessoas da casa, saberá qual brinquedo irá deixá-lo realmente satisfeito. Se o pai pedir sigilo sobre esta pesquisa, todos os envolvidos no presente compartilharão a alegria de acertar na escolha.

Nem sempre o mais desenvolvido tem a liderança. Se isso for detectado na adolescência, o filho pode ser promovido a líder através do reconhecimento familiar do seu desenvolvimento. Se um filho for, por exemplo, tímido, com baixa autoestima, ele pode não ter liderança. Uma das maneiras de ele quebrar de dentro para fora a timidez é estimulá-lo a expressar o que sabe (usar internet, blogs, Orkut®, MSN®, YouTube®, iPod® etc.) e de fato os adultos se capacitarem sob os seus ensinamentos.

Quando os pais passarem a usar com ele o que com ele aprenderam, o adolescente ficará muito mais seguro de si, pois ele assim comprova para si mesmo a sua importância, o seu valor. Ao mesmo tempo, os próprios pais atualizam a sua vida, e introduzem outros filhos neste recurso aprendido.

Isso passa a ser uma prova documental da sua competência, o que aumenta a sua autoestima, que vai, então, alavancar seu

FORMANDO CIDADÃOS ÉTICOS

empreendedorismo de acordo com sua idade. Mas se os pais simplesmente ouvirem e não praticarem, a liderança do filho pode ficar comprometida quando ele julgar que a incompetência (o mau aprendizado dos pais) foi sua.

Já atendi pais que pediam para os filhos imprimirem os e-mails. Esse pedido reduzia todo o avanço tecnológico para a época de Gutemberg. Com isso os filhos sentiram-se mais explorados que ajudando, quando eram obrigados a imprimir os e-mails.

Custava a estes pais aprender? Eles que têm uma competência empresarial comprovada? Além de serem mais rápidos e econômicos (aumentando a já grande competência), seriam também mais independentes e eficientes também para manter o *networking*, sem falar que poderiam adentrar no mundo dos concorrentes sem ser percebidos. Seria uma lição de empreendedorismo digital, pois é ter o mundo corporativo "na ponta dos dedos", como queria Bill Gates.

O chefe alfa de família simplesmente proibia os filhos de fazerem o que não lhe agradava. Essa proibição paralisava e inibia novas iniciativas, e não educava. Uma educação empreendedora seria invocada com: "Você NÃO pode fazer isso aqui! Mas você pode escolher o que fazer sem incomodar os outros!".

Diante de uma questão já resolvida, uma resposta encontrada, os pais poderiam estimular o filho com um "Como foi que você conseguiu?". Esta pergunta deve remeter o filho ao caminho percorrido e não ao da desconfiança. A felicidade pode estar também no caminhar, antes do resultado atingido. As crianças têm o prazer de montar brinquedos, quebra-cabeças, e depois de montados passam para outras brincadeiras. Quando os pais perguntam para elas como conseguiram tais façanhas, despertam nelas a alegria de comprovar suas habilidades (futuras competências).

> **Os líderes empreendedores não costumam dar respostas prontas, estimulando os liderados a buscarem soluções e respostas.**

As parábolas também podem ser utilizadas, pois dependem das interpretações despertadas nos liderados. Os pais deveriam responder o mínimo possível para estimular a pesquisa em busca de respostas.

Estes são alguns recursos para os pais prepararem seus sucessores, isto é, para que seus filhos atinjam pontos mais altos e desenvolvidos dos que eles atingiram. Sucessores, além de suceder, terão também que ter sucesso.

Vitória é superar as próprias dificuldades. Sucesso é o reconhecimento público das vitórias (pessoais, familiares, grupais). Entretanto, o que qualifica a vitória e o sucesso para a eternidade é a ética progressiva.

• • •

A educação é um processo contínuo de aprendizado e prática da cidadania ética. Espero que este livro tenha feito a diferença na compreensão dos filhos, alunos e crianças em geral e que a sua prática tenha dado resultados progressivos. Quando estes novos cidadãos dominarem o mundo, os primeiros beneficiários serão os pais e pessoas de seu entorno. Mas o Brasil e o mundo também agradecerão e usufruirão e surgirá uma nova qualidade de vida com valores que só enobrecem as pessoas.

Içami Tiba

• • •

Bibliografia

BENI, Rosana. *Crianças índigo*: Uma visão espiritualista. Osasco: Novo Século, 2007.

BERNHOEFT, Renato. *Cartas a um jovem herdeiro*: O que é importante para ter sucesso profissional. Rio de Janeiro: Alegro, 2004

ESTIVILL, E. & BÉJAR, S. de. *Nana, nenê*: Como resolver o problema da insônia do seu filho. São Paulo: Martins Fontes, 2003.

FRIEDMAN, Thomas F. *O mundo é plano*. Rio de Janeiro: Objetiva, 2006.

FONSECA, Priscila M. P. C. da. "Síndrome de alienação parental". In: *Revista Brasileira de direito da Família*, v. 8, n. 40, fev/mar, 2007. Porto Alegre: Síntese.

GARDNER, Howard. *Inteligências múltiplas*: A teoria na prática. Porto Alegre: Artes Médicas, 1995.

KANNER, Leo. *Child psychiatry*. New York: C. Thomas Publisher, 1960.

MARINS, Luiz. *Homo habilis*: Você como empreendedor. São Paulo: Gente, 2005.

MAUSHART, Susan. (trad.: Dinah de Abreu Azevedo). *A máscara da maternidade*: Por que fingimos que ser mãe não muda nada? São Paulo: Melhoramentos, 2006.

McELROY, Susan Chernak. *Animals as teachers & healers:* True stories and reflection. New York: Ballantine Publishing, 1997.

MOVSESSIAN, Shushann. *Puberdade:* só para garotas. São Paulo: Integrare, 2007.

MUSSAK, Eugênio. *Metacompetência:* Uma nova visão do trabalho e realização pessoal. São Paulo: Gente, 2003.

PALERMO, Roberta. *100% Madrasta:* Quebrando as barreiras do preconceito. São Paulo: Integrare, 2007.

RESTAK, Richard. M. D. *The new brain:* How the modern age is re-wiring your mind. Emmaus: Rodale, 2003.

SAVATER, Fernanda. *Ética para meu filho*. São Paulo: Martins Fontes, 1993.

SILVA, Ana Beatriz B. *Mentes Inquietas*. Rio de Janeiro: Napades, 2003.

SOUZA, César. *Você é o líder da sua vida*. Rio de Janeiro: Sextante, 2007.

TIBA, Içami. *Adolescentes:* Quem ama, educa! São Paulo: Integrare, 2007.

_____. *Disciplina*: Limite na medida certa – Novos paradigmas. São Paulo: Integrare, 2006.

_____. *Educação & amor*. São Paulo: Integrare, 2006.

_____. *Ensinar aprendendo:* Novos paradigmas na educação. São Paulo: Integrare, 2006.

_____. *Juventude & drogas:* Anjos caídos. São Paulo: Integrare, 2007.

_____. *Seja feliz, meu filho!* São Paulo: Integrare, 2007.

Glossário remissivo

- **Birra afetiva** 41

  É uma postura de não-entrega para o carinho, colo, abraço, na qual geralmente se rompe a comunicação verbal e visual. Exemplos: não querer entrar na escola, agarrar-se na mãe para não sair do seu colo etc. O seu ganho é afetivo.

- **Birra do poder** 38, 39

  É o enfrentamento ostensivo, espetaculoso, agressivo com palavras e/ou ações, geralmente em público, contra uma ordem dos pais que a criança ou adolescente não quer aceitar. O seu ganho é material.

- **Cidadania Familiar** 21, 25, 26, 27, 31, 47, 52

  Princípio educativo familiar segundo o qual não se pode fazer em casa o que não se pode fazer na sociedade e há de se começar a praticar em casa o que terá de ser feito na sociedade.

IÇAMI TIBA

o **Contar até três** 33, 34, 51
É o prazo que o educador dá ao educando para realizar o necessário, sob a condição de o educando sofrer as consequências previstas em caso de não-realização.

o **Filhos tiranos** 40
Geração que fica "tirana"(tirando tudo dos pais: sossego, respeito, autoridade, dinheiro, sono etc.). Geração de crianças e adolescentes que com suas vontades dominam seus pais.

o **Folgado** 26, 27, 44, 55
É a pessoa que deixa tudo, mesmo suas obrigações, para outros fazerem. Embaixo de um folgado tem sempre um ou mais sufocados.

o **Geração asa-e-pescoço** 23, 24
Pais que na sua infância comeram asa-e-pescoço (deixados pelo pai patriarcal, que comia peito e coxa) e que hoje dão peito e coxa aos seus filhos.

o **Macho alfa** 24, 39, 43
Equivalente ao pai alfa. Por ser o mais forte, passa a ser o chefe do grupo de animais; mantém a ordem com gritos e garras, come a melhor parte da caça, escolhe a melhor fêmea, tem seu território demarcado. É o pai típico de duas gerações anteriores à contemporânea (1950), que tinha paciência curta, voz grossa e mão pesada para impor aos seus filhos uma ordem que tinha que ser obedecida.

o **Religiosidade** 46
Sentimento quase instintivo de gente gostar de gente. Precede a religião que foi criada pelo homem.

Formando Cidadãos Éticos

○ **Sufocado** 27

É a pessoa que faz tudo o que os outros deixam de fazer, mesmo que não seja sua obrigação. Em cima de um sufocado há sempre um ou mais folgados.

○ *Working-mother* 25

Mãe que trabalha fora para ajudar no sustento da casa. Geralmente se sente culpada por não acompanhar o crescimento dos filhos.

Sobre Natércia Tiba

Natércia Tiba é psicóloga clínica pela PUC-SP, psicodramatista pelo Instituto JL Moreno e psicoterapeuta de famílias pelo Núcleo de Estudo e Práticas Sistêmicas: Sistemas Humanos. Tem especialização em "Trabalho de grupo com gestantes" com Vitória Pamplona; realiza atendimentos psicoterápicos de crianças, adolescentes e famílias em consultório particular e dedica parte de seu tempo ao trabalho social atendendo também pessoas de baixa renda. É membro do IAGP – *International Association of Group Psychotherapy* e da ATPF – *Associação Paulista de Terapia Familiar*. Realiza palestras sobre relacionamento de pais e filhos, participa de programas de televisão, revistas, jornais e sites e é colaboradora de diversos livros na área de psicologia infantil e familiar:

- Prefaciadora do livro *O Manual de instruções que deveria vir com seu filho*, de Daniel G. Amen, São Paulo: Mercuryo, 2005;

- Colaboradora no livro *Belíssima aos 40, 50, 60, 70...*, de Carla Góes Sallet, São Paulo: Conex, 2005;
- Ampliação, atualização e revisão do livro *Seja Feliz, Meu Filho!*, de Içami Tiba, São Paulo: Integrare, 2006;
- Colunista da seção de Psicologia na *Revista da gestante* – de fevereiro a novembro de 2005;
- Colaboradora na coluna de Psicologia no site www.gravidaebela.com.br;
- Colaboradora no *Baby Guide* – do Planejamento ao Nascimento.
- Autora do livro *Mulher sem Script*, São Paulo: Integrare, 2012.

Sobre Içami Tiba

Filiação: Yuki Tiba e Kikue Tiba.
Nascimento: 15 de março de 1941, em Tapiraí, SP.
Morte: 2 de agosto de 2015, em São Paulo.

1968. Formação: médico pela Faculdade de Medicina da USP.

1970. Especialização: psiquiatra pelo Hospital das Clínicas da FMUSP.

1970-2007. Psicoterapeuta de adolescentes e consultor de famílias em clínica particular.

1971-77. Psiquiatra-assistente no Departamento de Neuropsiquiatria do Hospital das Clínicas da FMUSP.

1975. Especialização em Psicodrama pela Sociedade de Psicodrama de São Paulo.

1977. Graduação: professor-supervisor de Psicodrama de Adolescentes pela Federação Brasileira de Psicodrama.

IÇAMI TIBA

1977-78. Presidente da Federação Brasileira de Psicodrama.

1977-92. Professor de Psicodrama de Adolescentes no Instituto Sedes Sapientiae (Pontifícia Universidade Católica), em São Paulo.

1978. Presidente do I Congresso Brasileiro de Psicodrama.

1987-89. Colunista da TV Record no programa *A mulher dá o recado*.

1989-90. Colunista da TV Bandeirantes no programa *Dia a dia*.

1991-94. Coordenador do Grupo de Prevenção às Drogas do Colégio Bandeirantes.

1995-2007. Membro da equipe técnica da Associação Parceria Contra as Drogas (APCD).

1997-2006. Membro eleito do *Board of Directors* da International Association of Group Psychotherapy.

2000. Apresentador do programa semanal *Caminhos da educação*, na Rede Vida de Televisão.

2001-02. Radialista, com o programa semanal *Papo aberto com Tiba* na Rádio FM Mundial (95,7 MHz).

2003-07. Conselheiro do Instituto Nacional de Capacitação e Educação para o Trabalho "Via de Acesso".

2005-07. Apresentador e Psiquiatra do programa semanal "Quem Ama, Educa", na Rede Vida de Televisão.

- Professor de diversos cursos e *workshops* no Brasil e no exterior.

- Frequentes participações em programas de televisão e rádio.

- Inúmeras entrevistas à imprensa escrita e falada, leiga e especializada.

FORMANDO CIDADÃOS ÉTICOS

- Mais de **3.300 palestras** proferidas para empresas nacionais e multinacionais, escolas, associações, condomínios, instituições etc., no Brasil e no exterior.

- Mais de **76.000 atendimentos psicoterápicos** a adolescentes e suas famílias, em clínica particular.

- Criou a Teoria Integração Relacional, na qual se baseiam suas palestras, livros e vídeos.

- Tem 22 livros publicados. Ao todo, seus livros já venderam mais de **2.000.000 de exemplares**.

  1 *Sexo e adolescência.* 10 ed. São Paulo: Ática, 1985.

  2 *Puberdade e adolescência*: Desenvolvimento biopsicossocial. 6 ed. São Paulo: Ágora, 1986.

  3 *Saiba mais sobre maconha e jovens.* 6 ed. São Paulo: Ágora, 1989.

  4 *123 respostas sobre drogas.* 3 ed. São Paulo: Scipione, 1994.

  5 *Adolescência*: O despertar do sexo. São Paulo: Gente, 1994.

  6 *Seja feliz, meu filho.* 21 ed. São Paulo: Gente, 1995.

  7 *Abaixo a irritação*: Como desarmar esta bomba-relógio no relacionamento familiar. 20 ed. São Paulo: Gente, 1995.

  8 *Disciplina*: Limite na medida certa. 72 ed. São Paulo: Gente, 1996.

  9 *O(a) executivo(a) & sua família*: O sucesso dos pais não garante a felicidade dos filhos. 8 ed. São Paulo: Gente, 1998.

  10 *Amor, felicidade & cia.* 7 ed. São Paulo: Gente, 1998.

  11 *Ensinar aprendendo*: Como Superar os Desafios do Relacionamento professor-aluno em tempos de globalização. 24 ed. São Paulo: Gente, 1998.

12 *Anjos Caídos*: Como prevenir e eliminar as drogas na vida do adolescente. 31 ed. São Paulo: Gente, 1999.

13 *Obrigado, minha esposa.* 2 ed. São Paulo: Gente, 2001.

14 *Quem ama, educa!* 157 ed. São Paulo: Gente, 2002.

15 *Homem cobra, mulher polvo.* 21 ed. São Paulo: Gente, 2004.

16 *Adolescentes:* Quem ama, educa! 25 ed. São Paulo: Integrare, 2005.

17 *Disciplina:* Limite na medida certa – Novos paradigmas. São Paulo: Integrare, 2006.

18 *Ensinar aprendendo*: Novos paradigmas na educação. São Paulo: Integrare, 2006.

19 *Seja feliz, meu filho.* Edição revista e ampliada por Natércia Tiba. São Paulo: Integrare, 2006.

20 *Educação & amor.* Coletânea de textos de Içami Tiba. São Paulo: Integrare, 2006.

21 *Juventude e Drogas:* Anjos caídos. São Paulo: Integrare, 2007.

22 *Quem Ama, Educa!* Formando cidadãos éticos. São Paulo: Integrare, 2007.

■ Tem 4 livros adotados pelo Promed do FNDE (Fundo Nacional e Escolar de Desenvolvimento), Governo do Estado de S. Paulo – Programa de Melhoria e Expansão do Ensino Médio:

■ *Quem ama, educa!*.

■ *Disciplina:* Limite na medida certa.

■ *Seja feliz, meu filho.*

FORMANDO CIDADÃOS ÉTICOS

- *Ensinar aprendendo*: Como superar os desafios do relacionamento professor-aluno em tempos de globalização.

- O livro *Quem ama, educa!*, com mais de **560.000 exemplares** vendidos, foi o *best-seller* de 2003 segundo a revista *Veja*. Também é editado em Portugal (Editora Pergaminho), Espanha (Editora Obelisco) e Itália (Editora Italia Nuova).

- Tem 12 vídeos educativos produzidos em 2001 em parceria com Loyola Multimídia, cujas vendas atingem mais de **13.000 cópias**: 1 Adolescência. 2 Sexualidade na Adolescência. 3 Drogas. 4 Amizade. 5 Violência. 6 Educação na Infância. 7 Relação Pais e Filhos. 8 Disciplina e Educação. 9 Ensinar e Aprender. 10 Rebeldia e Onipotência Juvenil. 11 Escolha Profissional e Capacitação para a Vida. 12 Integração e Alfabetização Relacional.

- Em pesquisa feita em março de 2004 pelo Ibope, a pedido do Conselho Federal de Psicologia, Içami Tiba foi o 3º profissional mais admirado e tido como referência pelos psicólogos brasileiros, sendo Freud o primeiro, e Gustav Jung o segundo. A seguir, vêm Rogers, M. Klein, Winnicott e outros. (Publicada pelo *Psi Jornal de Psicologia*, CRP SP, número 141, jul./set. 2004.)